sekolah - xue xiao	2
berjalan - lü xing	5
pengangkutan - jiao tong yun shu	8
bandar - cheng shi	10
landskap - di xing	14
restoran - can guan	17
pasar raya - chao shi	20
minuman - yin liao	22
makanan - shi wu	23
ladang - nong chang	27
rumah - fang zi	31
ruang tamu - ke ting	33
dapur - chu fang	35
bilik air - yu shi	38
bilik kanak-kanak - er tong fang	42
pakaian - yi fu	44
pejabat - ban gong shi	49
ekonomi - jing ji	51
pekerjaan - zhi ye	53
alat - gong ju	56
alat muzik - yue qi	57
zoo - dong wu yuan	59
sukan - ti yu	62
aktiviti - huo dong	63
keluarga - jia	67
badan - shen ti	68
hospital - yi yuan	72
kecemasan - jin ji qing kuang	76
bumi - di qiu	77
jam - zhong biao	79
minggu - zhou	80
tahun - nian	81
bentuk - xing zhuang	83
warna - yan se	84
berlawanan - fan yi ci	85
nombor - shu zi	88
bahasa-bahasa - yu yan	90
siapa / apa / bagaimana - shei / shen me / zen yang	91
di mana - fang wei	92

Impressum
Verlag: BABADADA GmbH, Nedderfeld 112 , 22529 Hamburg
Geschäftsführer / Verlagsleitung: Harald Hof
Druck: Books on Demand GmbH, In de Tarpen 42, 22848 Norderstedt

Imprint
Publisher: BABADADA GmbH, Nedderfeld 112 , 22529 Hamburg, Germany
Managing Director / Publishing direction: Harald Hof
Print: Books on Demand GmbH, In de Tarpen 42, 22848 Norderstedt, Germany

sekolah

xue xiao

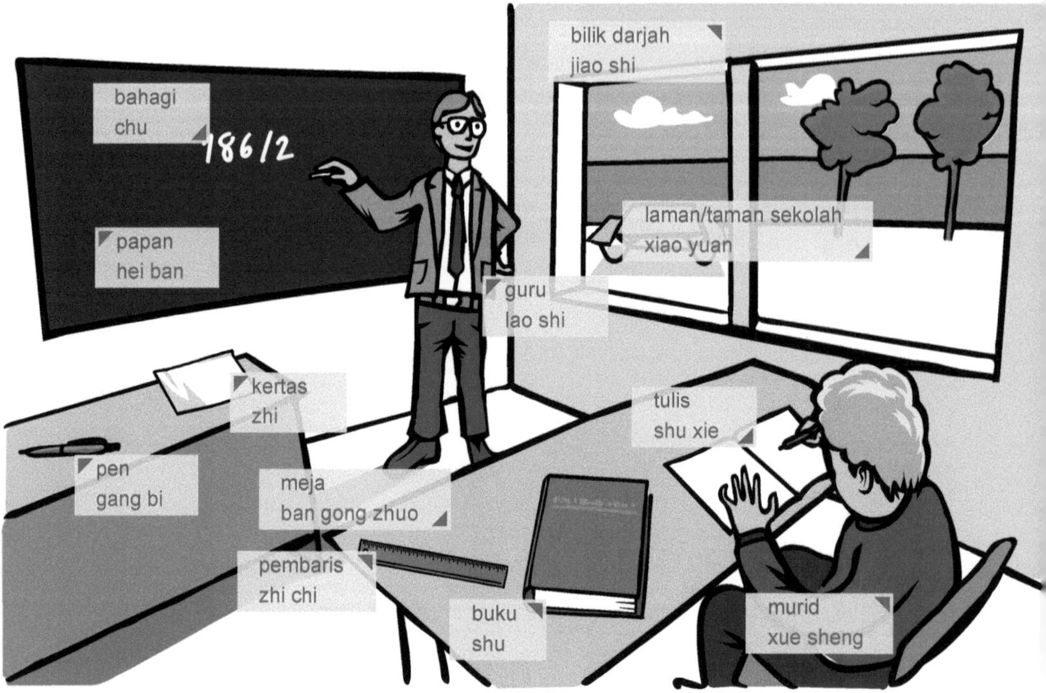
bilik darjah
jiao shi
bahagi
chu
186/2
papan
hei ban
laman/taman sekolah
xiao yuan
guru
lao shi
kertas
zhi
tulis
shu xie
pen
gang bi
meja
ban gong zhuo
pembaris
zhi chi
buku
shu
murid
xue sheng

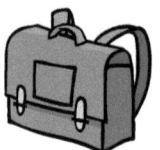

beg galas

shu bao

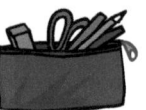

kotak pensel

qian bi he

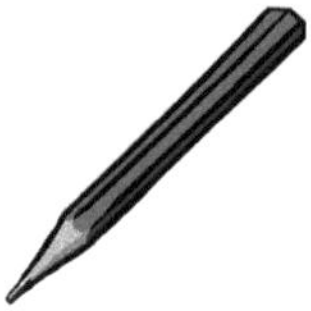

pensel

qian bi

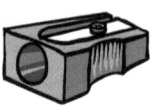

pengasah pensel

juan bi dao

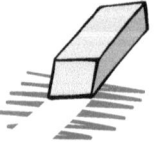

pemadam

xiang pi ca

kertas lukisan

hua ban

melukis

tu hua

berus lukis

hua bi

kotak warna

yan liao he

gunting

jian dao

gam

jiao shui

buku latihan

lian xi ce

kerja rumah

jia ting zuo ye

nombor

shu zi

tambah

jia

tolak

jian

darab

cheng

kira

ji suan

huruf

zi mu

abjad

zi mu biao

kata

zi

teks

ke wen

baca

du

kapur

fen bi

pelajaran

shang ke

daftar

deng ji

peperiksaan

kao shi

sijil

zheng shu

uniform sekolah

xiao fu

pendidikan

jiao yu

ensiklopedia

bai ke quan shu

universiti

da xue

mikroskop

xian wei jing

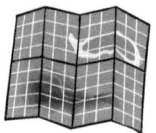

peta

di tu

bakul sampah

fei zhi kuang

berjalan
lü xing

Grand
hotel
jiu dian
asrama
qing nian lü xing she
pejabat tukaran mata wang
wai bi dui huan chu
beg pakaian
shou ti xiang
kereta
qi che

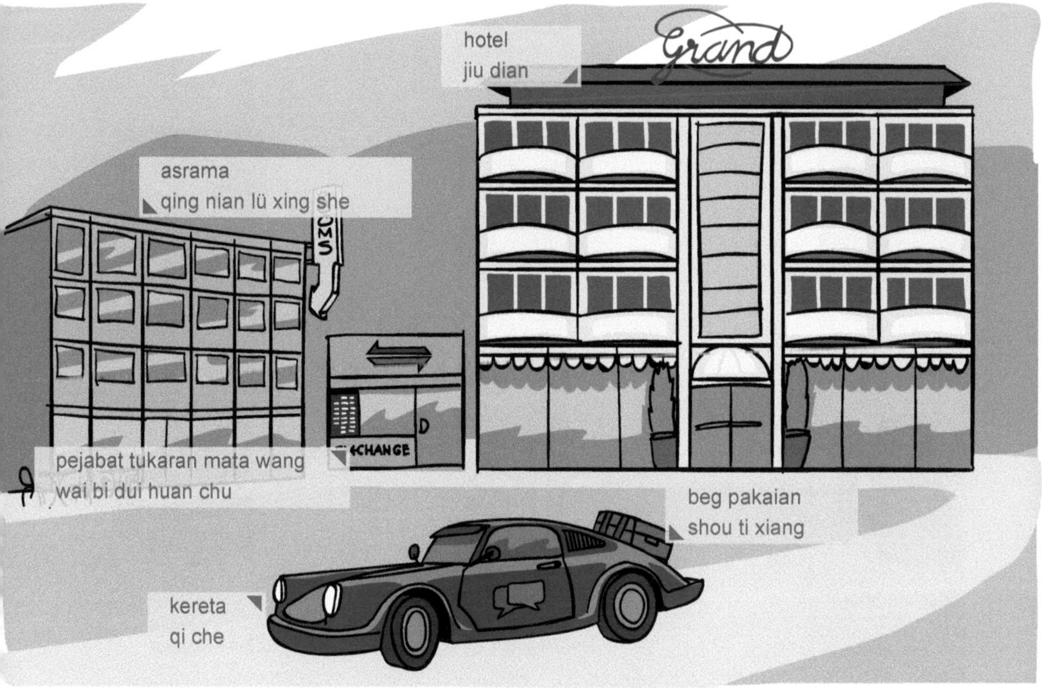

bahasa

yu yan

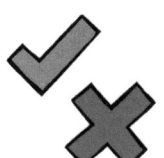

ya / tidak

shi/fou

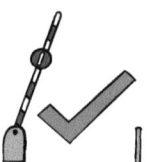

okey

hao de

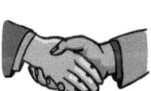

helo

nin hao

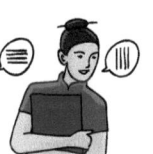

penterjemah

fan yi yuan

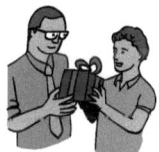

Terima kasih

xie xie

berapa banyak…?

......duo shao qian?

saya tidak faham

wo bu ming bai

masalah

wen ti

Selamat petang!

wan shang hao!

Selamat Pagi!

zao shang hao!

Selamat Malam!

wan an!

selamat tinggal

zai jian

arah

fang xiang

bagasi

xing li

beg

bao

beg galas

shuang jian bao

tetamu

ke ren

bilik tidur

fang jian

beg tidur

shui dai

khemah

zhang peng

maklumat pelancong

lü you xin xi

pantai

hai tan

kad kredit

xin yong ka

sarapan

zao can

makan tengah hari

wu can

makan malam

wan can

tiket

piao

lif

dian ti

setem

you piao

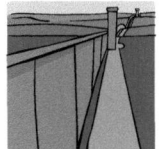

sempadan

bian jie

kastam

hai guan

kedutaan

da shi guan

visa

qian zheng

pasport

hu zhao

pengangkutan

jiao tong yun shu

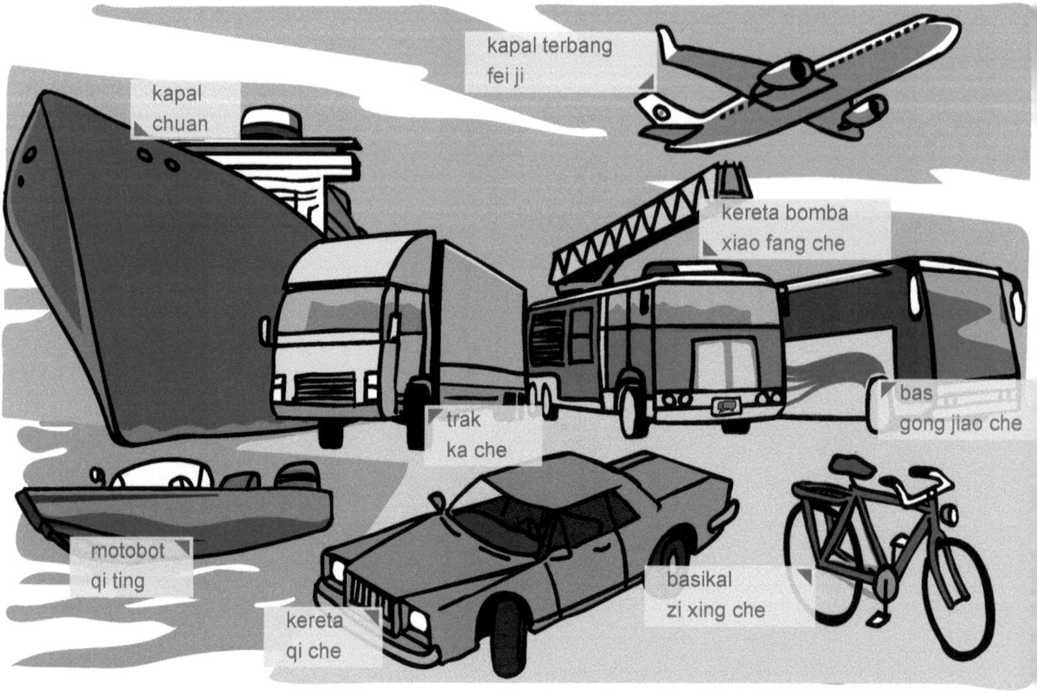
kapal
chuan
kapal terbang
fei ji
kereta bomba
xiao fang che
bas
gong jiao che
trak
ka che
motobot
qi ting
basikal
zi xing che
kereta
qi che

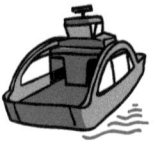

feri

bai du chuan

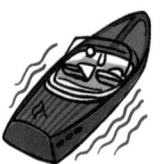

bot

xiao chuan

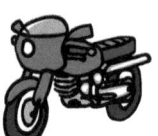

motosikal

mo tuo che

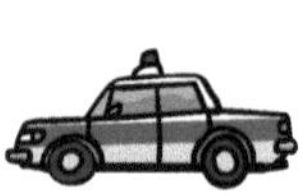

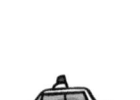

kereta polis

jing che

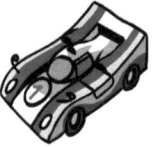

kereta lumba

sai che

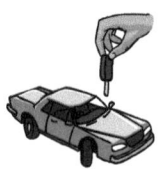

kereta sewa

zu che

berkongsi kereta

pin che

trak tunda

tuo che

trak menolak

la ji che

motor

fa dong ji

bahan api

qi you

stesen minyak

jia you zhan

tanda trafik

jiao tong biao zhi

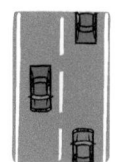

trafik

jiao tong

kesesakan lalu lintas

jiao tong du sai

tempat parkir

ting che chang

stesen kereta api

huo che zhan

trek

gui dao

kereta api

huo che

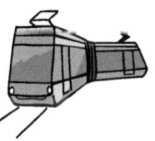

trem

dian che

gerabak

huo che

helikopter

zhi sheng ji

lapangan terbang

ji chang

Menara

ta

penumpang

cheng ke

bekas

ji zhuang xiang

kadbod

zhi ban xiang

kart

shou tui che

bakul

lan zi

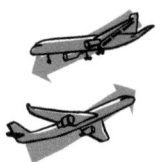

berlepas / mendarat

qi fei/jiang luo

bandar

cheng shi

kampung

cun zhuang

pusat bandar

shi zhong xin

rumah

fang zi

pawagam
dian ying yuan

iklan
guang gao

lampu jalan
lu deng

CINEMA

jalan
jie dao

teksi
chu zu che

kedai makanan ringan
xiao chi dian

pejalan kaki
xing ren

turapan
ren xing dao

lintasan
shi zi lu kou

lintasan zebra
ban ma xian

tong sampah
la ji xiang

lampu isyarat
hong lü deng

pondok
xiao wu

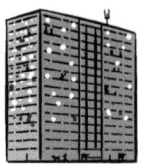

flat
gong yu

stesen kereta api
huo che zhan

dewan bandar
shi zheng ting

muzium
bo wu guan

sekolah
xue xiao

universiti

da xue

bank

yin hang

hospital

yi yuan

hotel

jiu dian

farmasi

yao fang

pejabat

ban gong shi

kedai buku

shu dian

kedai

shang dian

kedai bunga

hua dian

pasar raya

chao shi

pasaran

shi chang

gedung

bai huo shang dian

penjual ikan

yu dian

pusat membeli-belah

gou wu zhong xin

pelabuhan

hai gang

taman

gong yuan

bangku

chang deng

jambatan

qiao

tangga

lou ti

bawah tanah

di tie

terowong

sui dao

hentian bas

gong jiao che zhan

bar

jiu ba

restoran

can guan

peti surat

you tong

papan tanda jalan

lu biao

meter parkir

ting che ji shi qi

zoo

dong wu yuan

kolam renang

you yong guan

masjid

qing zhen si

ladang

nong chang

pencemaran

wu ran

tanah perkuburan

mu di

gereja

jiao tang

taman permainan

cao chang

kuil

si miao

landskap
di xing

daun
shu ye

tiang tanda
zhi shi pai

jalan
lu

padang rumput
cao di

batu
shi tou

pokok
shu

pejalan kaki
tu bu lü xing zhe

sungai
he

rumput
cao

bunga
hua

lembah

xia gu

bukit

shan

tasik

hu

hutan

sen lin

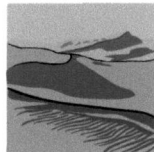

padang pasir

sha mo

gunung berapi

huo shan

istana

cheng bao

pelangi

cai hong

cendawan

mo gu

pokok kelapa sawit

zong lü shu

nyamuk

wen zi

terbang

cang ying

semut

ma yi

lebah

mi feng

labah-labah

zhi zhu

landskap - di xing

kumbang

jia chong

katak

qing wa

tupai

song shu

landak

ci wei

arnab

ye tu

burung hantu

mao tou ying

burung

niao

angsa

tian e

babi jantan

ye zhu

rusa

lu

moose

mi lu

empangan

shui ba

turbin angin

feng li fa dian ji

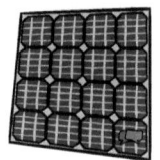

panel solar

tai yang neng dian chi ban

iklim

qi hou

restoran

can guan

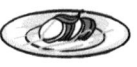

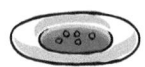

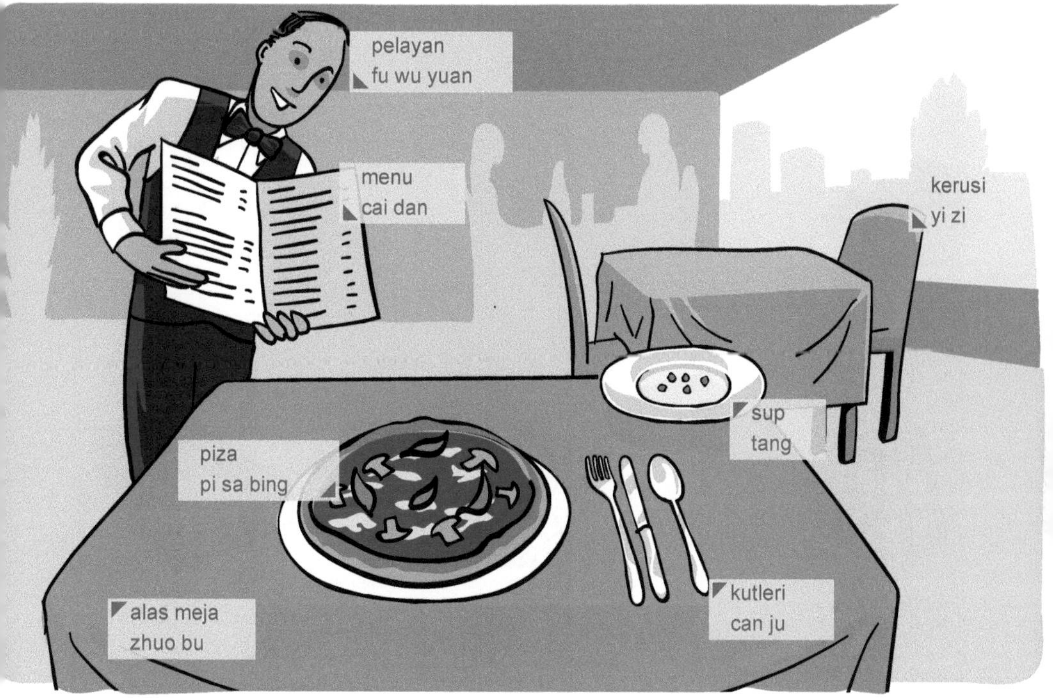
pelayan
fu wu yuan
menu
cai dan
kerusi
yi zi
sup
tang
piza
pi sa bing
kutleri
can ju
alas meja
zhuo bu

pemula

qian cai

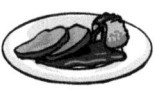

hidangan utama

zhu cai

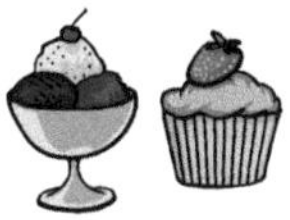

pencuci mulut

tian dian

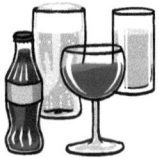

minuman

yin liao

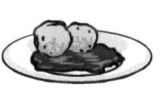

makanan

shi wu

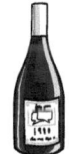

botol

ping zi

makanan segera

kuai can

makanan jalanan

jie bian xiao chi

teko

cha hu

mangkuk gula

tang he

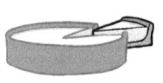

bahagian

yi fen fan cai

mesin espreso

yi shi ka fei ji

kerusi tinggi

gao jiao yi

bil

zhang dan

dulang

tuo pan

pisau

dao

garfu

can cha

sudu

shao zi

sudu teh

cha chi

serviette

can jin

gelas

bo li bei

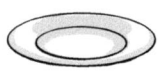

pinggan

die zi

mangkuk sup

tang pan

piring

die zi

sos

jiang

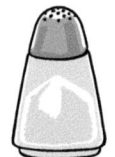

tempat garam

yan plng

pengisar lada

hu jiao mo

cuka

cu

minyak

shi yong you

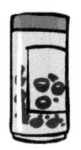

rempah

tiao wei liao

sos

fan qie jiang

mustard

jie mo

mayones

dan huang jiang

pasar raya

chao shi

tawaran istimewa
te jia
pelanggan
gu ke
tenusu
ru zhi pin
buah-buahan
shui guo
troli
gou wu che
FOR

BUTCHERS

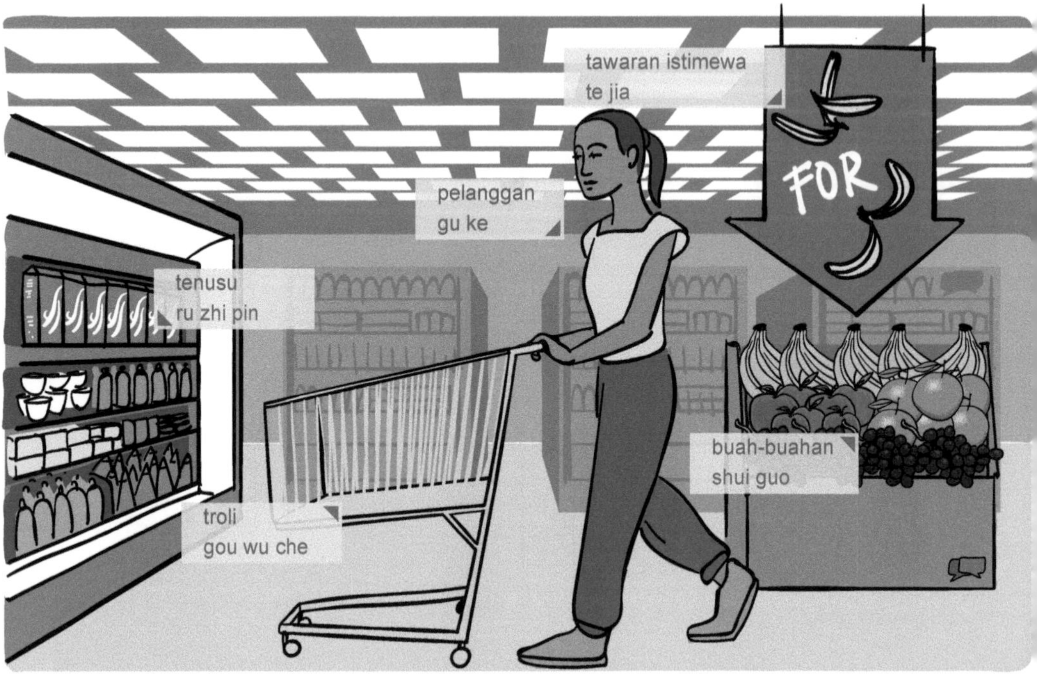

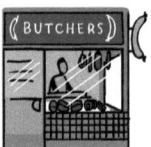

tukang daging

rou pu

BAKERY

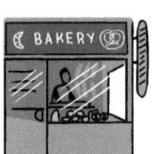

kedai roti

mian bao fang

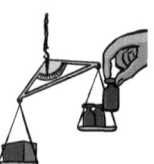

berat

cheng zhong

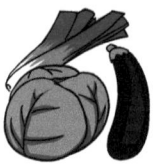

sayur-sayuran

shu cai

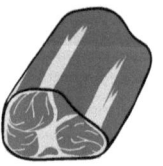

daging

rou

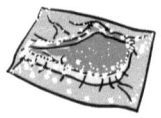

makanan sejuk beku

leng dong shi pin

daging sejuk

leng pan

makanan dalam tin

guan tou shi pin

serbuk pencuci

xi yi fen

gula-gula

tian shi

produk isi rumah

rl yong pin

produk pembersihan

qing jie yong pin

orang jualan

xiao shou yuan

daftar tunai

shou yin ji

juruwang

shou yin yuan

senarai membeli-belah

gou wu qing dan

waktu pembukaan

kai fang shi jian

beg duit

qian bao

kad kredit

xin yong ka

beg

dai zi

beg plastik

su liao dai

air
shui

jus
guo zhi

susu
niu nai

kola
ke le

wain
hong jiu

bir
pi jiu

alkohol
jiu

koko
ke ke

the
cha

kopi
ka fei

espreso
yi shi nong suo ka fei

kapucino
ka bu qi nuo

pisang

xiang jiao

epal

ping guo

oren

cheng zi

tembikai

xi gua

lemon

ning meng

lobak merah

hu luo bo

bawang putih

da suan

buluh

zhu zi

bawang

yang cong

cendawan

mo gu

kacang

jian guo

mi

mian tiao

spageti

yi da li mian tiao

nasi

mi fan

salad

sha la

kerepek

shu tiao

kentang goreng

zha tu dou

piza

pi sa bing

hamburger

han bao bao

sandwic

san ming zhi

kutlet

zha zhu pai

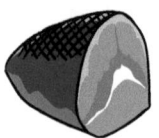

ham

huo tui

salami

sa la mi

sosej

xiang chang

ayam

ji rou

panggang

kao rou

ikan

yu

makanan - shi wu

bubur oat

yan mai pian

muesli

mu zi li

emping jagung

yu mi pian

tepung

mian ten

kroisan

yang jiao mian bao

roti roll

mian bao juan

roti

mian bao

roti bakar

kao mian bao

biskut

bing gan

mentega

huang you

dadih

ning ru

kek

dan gao

telur

dan

telur goreng

jian dan

keju

nai lao

ais krim

bing ji lin

gula

tang

madu

feng mi

jem

guo jiang

krim nougat

qiao ke li jiang

kari

ga li fan

ladang

nong chang

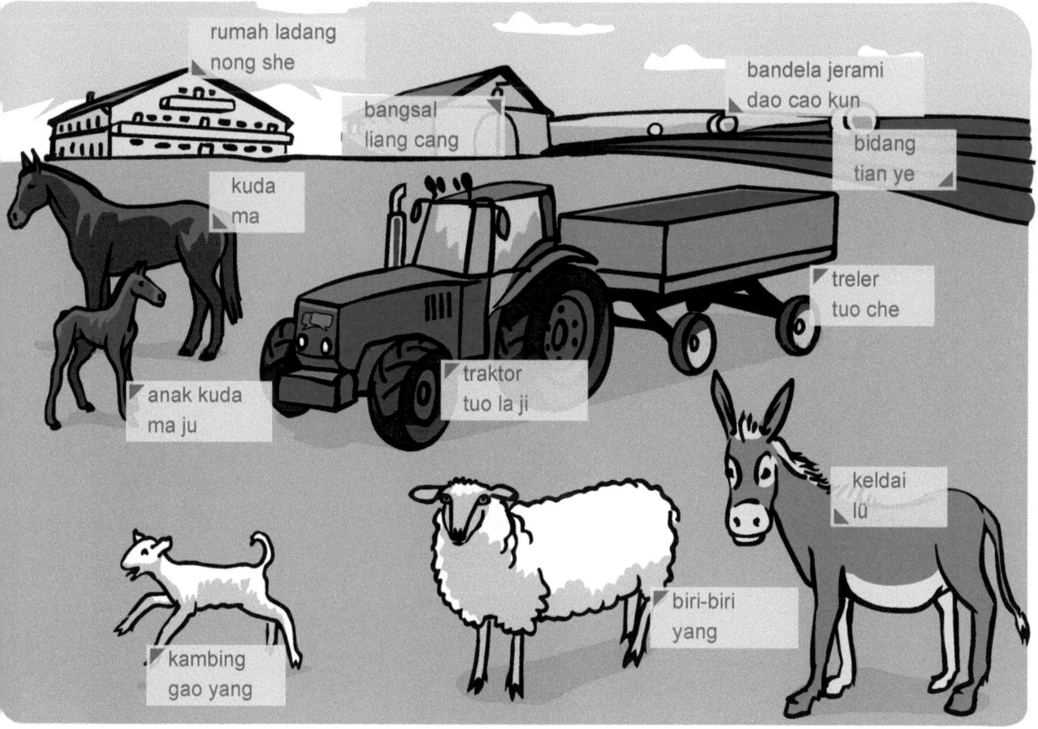
rumah ladang
nong she
bangsal
liang cang
bandela jerami
dao cao kun
bidang
tian ye
kuda
ma
treler
tuo che
anak kuda
ma ju
traktor
tuo la ji
keldai
lü
biri-biri
yang
kambing
gao yang

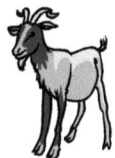

kambing

shan yang

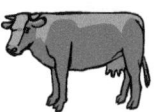

lembu

nai niu

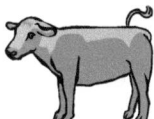

anak lembu

niu du

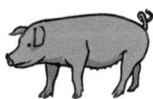

babi

zhu

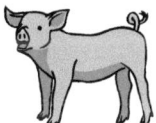

anak babi

xiao zhu

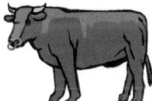

lembu

gong niu

angsa

e

itik

ya

anak ayam

xiao ji

ayam betina

mu ji

ayam jantan muda

gong ji

tikus

shu

kucing

mao

tikus

lao shu

lembu jantan

niu

anjing

gou

rumah anjing

gou wu

hos taman

hua yuan jiao shui ruan
guan

bekas siraman

sa shui hu

sabit

chang bing da lian dao

bajak

li

sabit

lian dao

cangkul

chu tou

serampang peladang

chang bing cao pa

kapak

fu tou

kereta sorong

du lun shou tui che

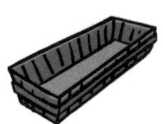

palung

si liao cao

tin susu

niu nai guan

karung

ma bu dai

pagar

zha lan

stabil

ma jiu

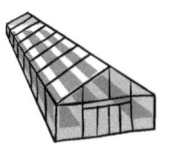

rumah hijau

wen shi

tanah

tu rang

benih

zhong zi

baja

fei liao

jentuai

lian he shou ge ji

tuai

shou ge

menuai

shou ge

keladi

shan yao

gandum

xiao mai

soya

da dou

kentang

tu dou

jagung

yu mi

biji sawi

you cai zi

pokok buah-buahan

guo shu

ubi kayu

shu shu

bijirin

gu wu

rumah

fang zi

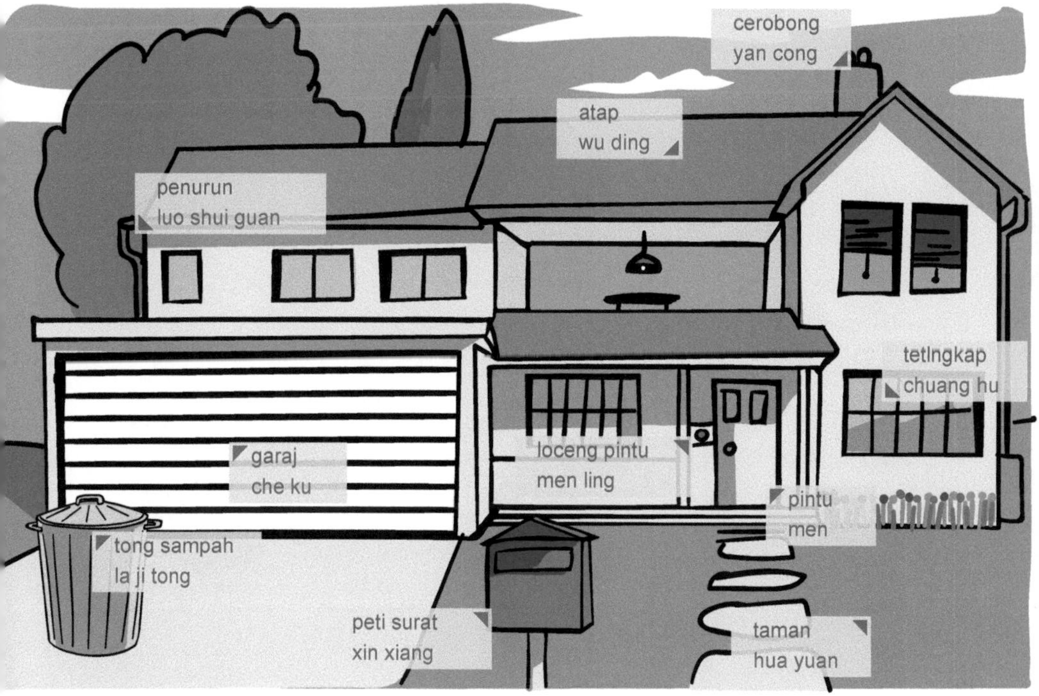

cerobong
yan cong
atap
wu ding
penurun
luo shui guan
tetingkap
chuang hu
garaj
che ku
loceng pintu
men ling
pintu
men
tong sampah
la ji tong
peti surat
xin xiang
taman
hua yuan

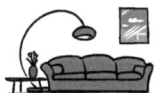

ruang tamu

ke ting

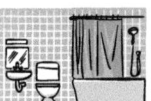

bilik air

yu shi

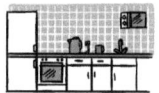

dapur

chu fang

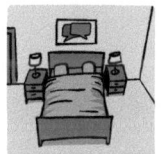

bilik tidur

wo shi

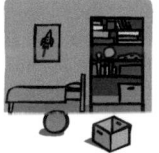

bilik kanak-kanak

er tong fang

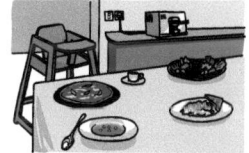

ruang makan

can ting

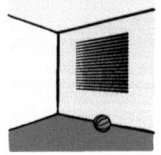

lantai

di ban

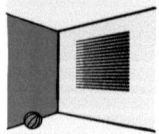

dinding

qiang bi

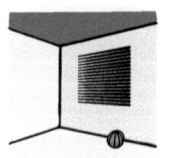

siling

diao ding

bilik bawah tanah

di jiao

sauna

sang na

balkoni

yang tai

teres

lu tai

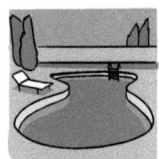

kolam renang

you yong chi

pemotong rumput

ge cao ji

lembaran

bei dan

penutup tilam

chuang zhao

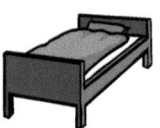

katil

chuang

penyapu

sao zhou

timba

shui tong

suis

kai guan

ruang tamu
ke ting

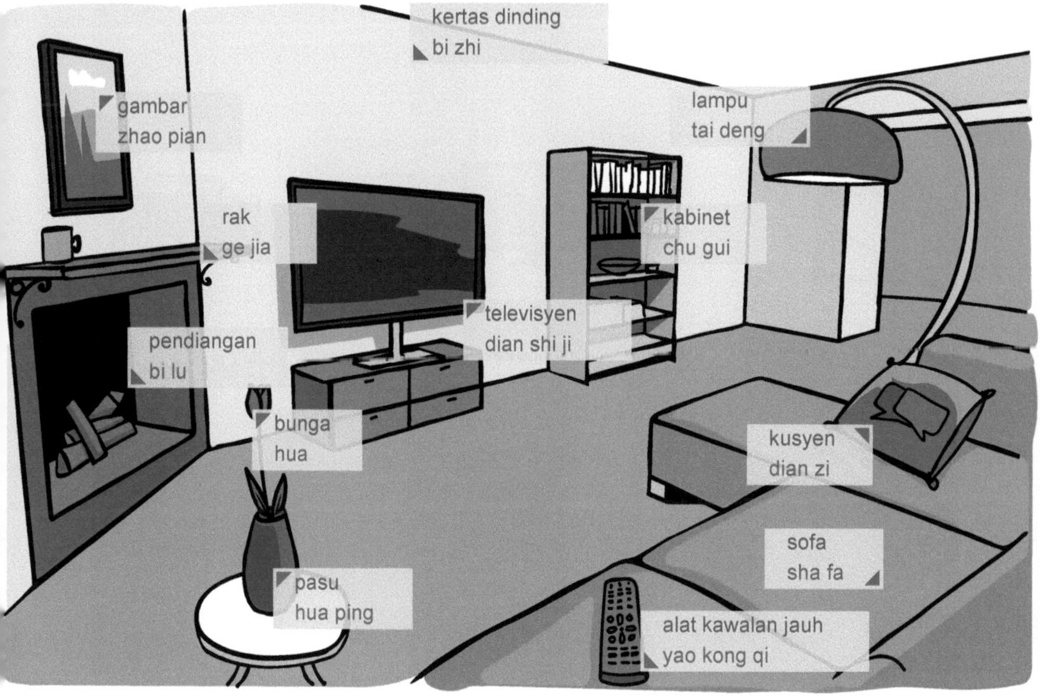
kertas dinding
bi zhi
gambar
zhao pian
lampu
tai deng
rak
ge jia
kabinet
chu gui
televisyen
dian shi ji
pendiangan
bi lu
bunga
hua
kusyen
dian zi
sofa
sha fa
pasu
hua ping
alat kawalan jauh
yao kong qi

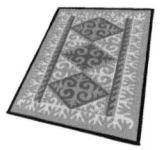

permaidani

di tan

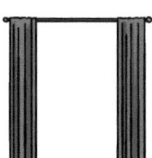

tirai

chuang lian

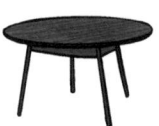

meja

can zhuo

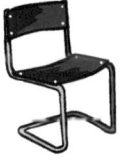

kerusi

yi zi

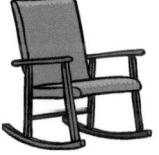

kerusi malas

yao yi

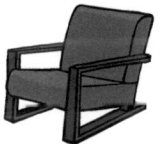

kerusi

fu shou yi

buku

shu

selimut

tan zi

hiasan

zhuang shi pin

kayu api

mu chai

filem

dian ying

hi-fi

gao bao zhen yin xiang

kunci

yao shi

akhbar

bao zhi

lukisan

you hua

poster

hai bao

radio

shou yin ji

buku catatan

bi ji ben

penyedut habuk

xi chen qi

kaktus

xian ren zhang

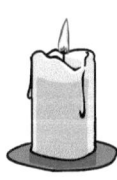

lilin

la zhu

dapur
chu fang

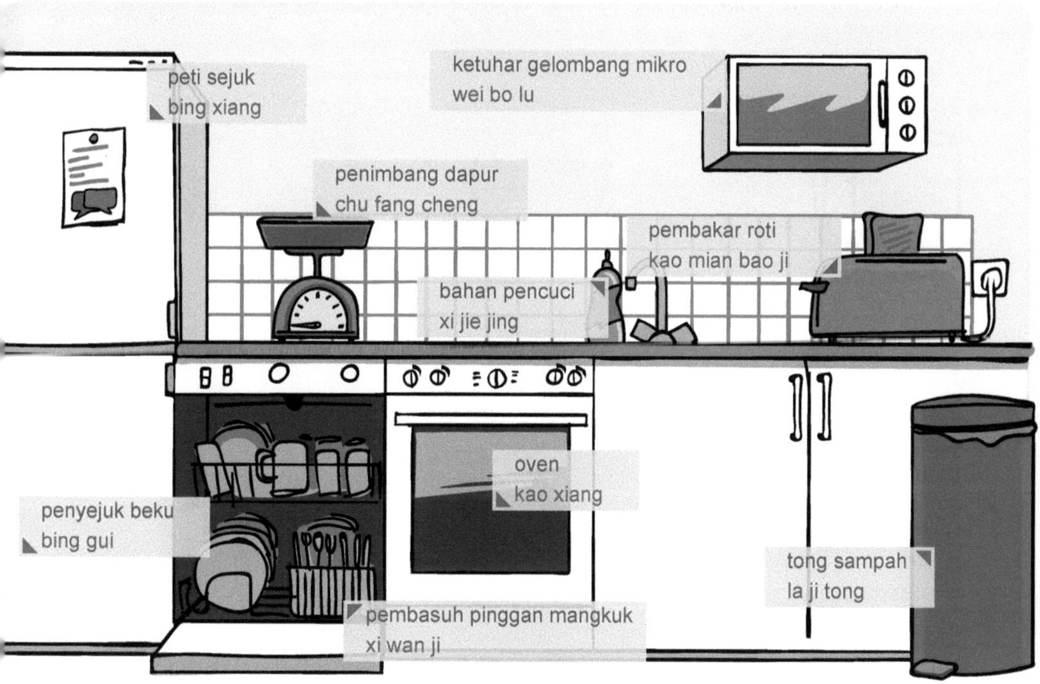
peti sejuk
bing xiang
ketuhar gelombang mikro
wei bo lu
penimbang dapur
chu fang cheng
pembakar roti
kao mian bao ji
bahan pencuci
xi jie jing
oven
kao xiang
penyejuk beku
bing gui
tong sampah
la ji tong
pembasuh pinggan mangkuk
xi wan ji

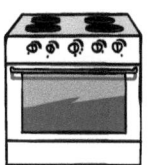

periuk dapur

chui ju

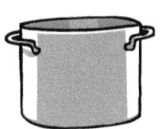

periuk

guo

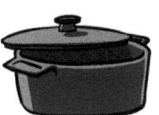

periuk besi

zhu tie guo

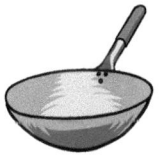

kuali

sha guo

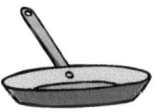

pan

ping di guo

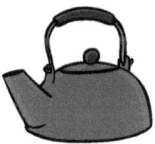

cerek

shui hu

pengukus

zheng guo

dulang pembakar

kao pan

pinggan mangkuk

tao ci guo

koleh

ma ke bei

mangkuk

wan

penyepit

kuai zi

senduk

chang bing shao

spatula

chan zi

pengadun

jiao ban qi

penapis

lü wang

ayak

shai zi

pemarut

mo sui ji

mortar

yan bo

barbeku

shao kao

pembakaran terbuka

ming huo

papan pencincang

cai ban

pin golekan

gan mian zhang

skru gabus

kai ping qi

tin

guan zi

pembuka tin

kai ping qi

pemegang periuk

ge re shou tao

sinki

shui cao

berus

shua zi

span

hai mian

pengisar

jiao ban ji

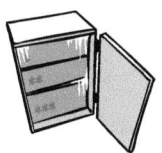

penyejuk beku

leng cang xiang

botol bayi

nai ping

paip

shui long tou

bilik air

yu shi

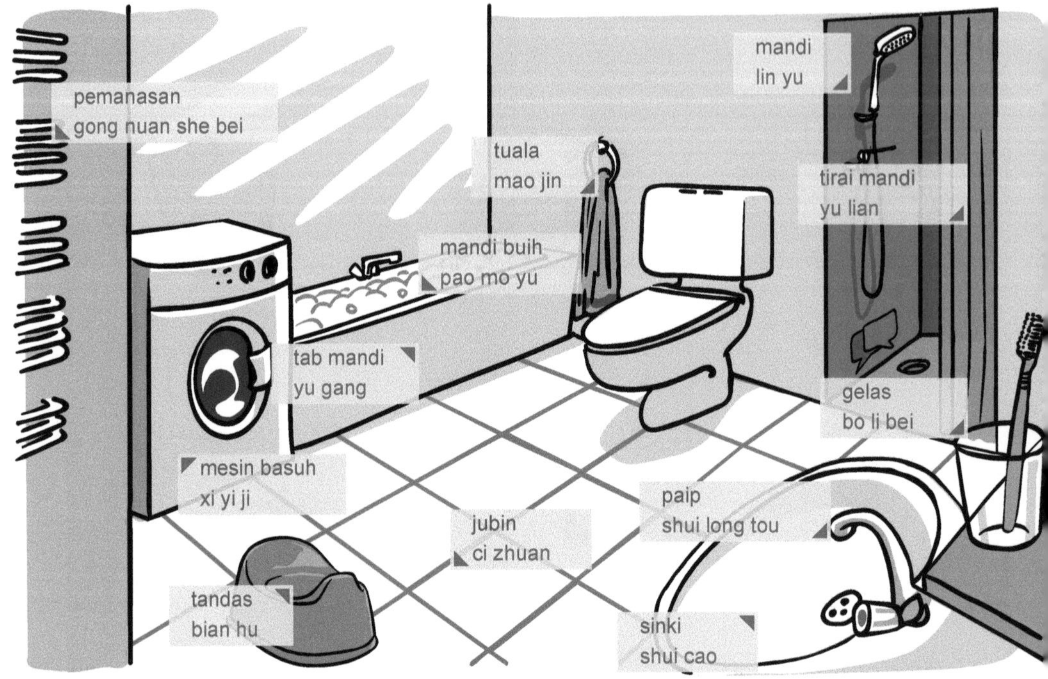

pemanasan
gong nuan she bei
tuala
mao jin
mandi
lin yu
tirai mandi
yu lian
mandi buih
pao mo yu
tab mandi
yu gang
gelas
bo li bei
mesin basuh
xi yi ji
paip
shui long tou
jubin
ci zhuan
tandas
bian hu
sinki
shui cao

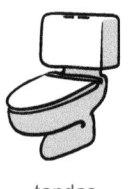

tandas

ce suo

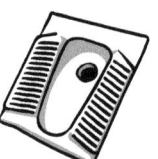

tandas mencangkung

dun bian qi

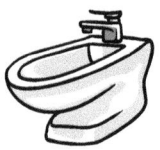

mangkuk tandas

zuo yu qi

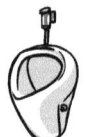

tandas awam

xiao bian chi

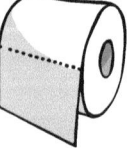

kertas tandas

ce zhi

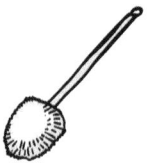

berus tandas

ma tong shua

berus gigi

ya shua

ubat gigi

ya gao

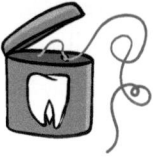

flos gigi

ya xian

cuci

xi

mandian tangan

shou chı shı pen lin tou

pancuran

chong xi qi

besen

xi lian pen

belakang berus

ca bei shua

sabun

fei zao

gel mandian

mu yu lu

syampu

xi fa shui

flanel

fa lan rong

longkang

pai shui

krim

ru shuang

deodoran

chu chou ji

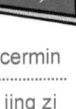

cermin

jing zi

cermin tangan

shou jing

pisau cukur

ti xu dao

busa cukur

ti xu pao mo

selepas cukur

xu hou shui

sikat

shu zi

berus

shua zi

pengering rambut

chui feng ji

semburan rambut

pen fa ding xing ji

mekap

hua zhuang pin

gincu

chun gao

varnis kuku

zhi jia you

bulu kapas

hua zhuang mian

gunting kuku

zhi jia jian

pewangi

xiang shui

beg basuhan

xi shu bao

bangku

deng zi

skala berat

ji zhong cheng

jubah mandi

yu pao

sarung tangan getah

xiang jiao shou tao

kapas

wei sheng mian tiao

tuala wanita

wei sheng jin

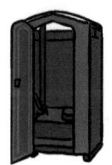

tandas kimia

hua xue ce suo

bilik kanak-kanak

er tong fang

jam loceng
nao zhong
mainan kegemaran
mao rong wan ju
kereta mainan
wan ju che
kerincing bayi
bo lang gu
rumah anak patung
wan ju wu
hadiah
li wu

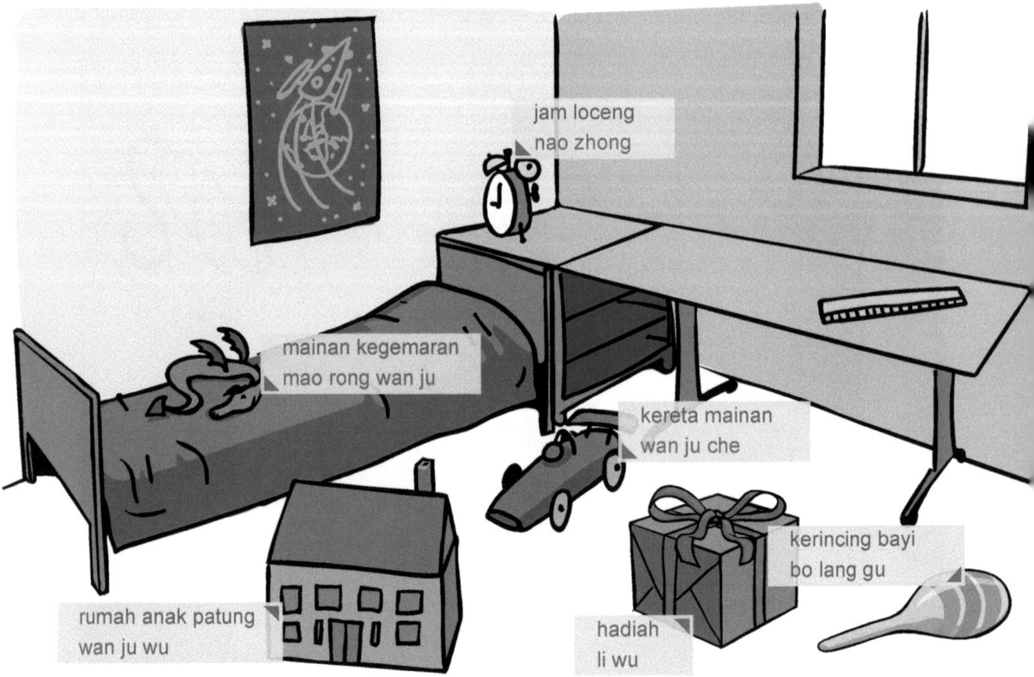

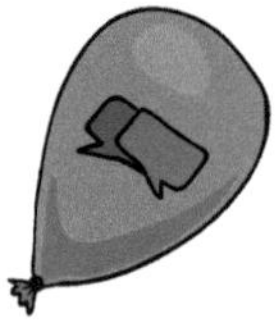

belon

qi qiu

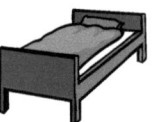

katil

chuang

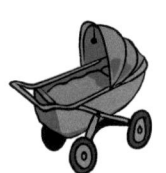

kereta sorong bayi

(yang wa wa yong)ying er che

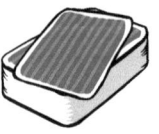

set kad

pu ke pai

susun suai gambar

pin tu

SUPER MEGA

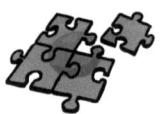

komik

man hua

batu bata lego

le gao ji mu

blok mainan

ji mu wan ju

figura aksi

wan ju ren

baju bayi

ying er fu

frisbee

tei pan

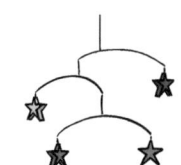

mainan bayi mudah alih

chuang ling wan ju

permainan papan

qi pan you xi

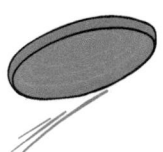

dadu

shai zi

set model kereta api

huo che mo xing

palsu

an fu nai zui

parti

ju hui

buku bergambar

hui ben

bola

qiu

anak patung

yang wa wa

main

wan

lubang pasir

sha keng

buai

qiu qian

mainan

wan ju

konsol permainan video

you xi ji

basikal roda tiga

san lun che

anak patung beruang

tai di xiong

almari pakaian

yi chu

pakaian

yi fu

stoking

wa zi

stoking

chang wa

ketat

jin shen ku

skarf
wei jin

g/keselamatan

payung
yu san

kemeja-t
T xu

but
xue zi

selipar
tuo xie

kasut sukan
yun dong xie

sandal
liang xie

kasut
xie

but getah
yu xue

seluar dalam
nei ku

coli
xiong zhao

ves
bei xin

pakaian - yi fu

badan

shen ti

Seluar panjang

ku zi

jean

niu zai ku

skirt

duan qun

blaus

nü shi chen shan

kemeja

chen shan

baju panas sarung

tao tou shan

sweater

wei yi

blazer

xi zhuang jia ke

jaket

jia ke

kot

wai tao

baju hujan

yu yi

kostum

tao zhuang

pakaian

lian yi qun

baju pengantin

hun sha

sut

xi zhuang

baju tidur

shui pao

baju tidur

shui yi

sari

sha li

skarf kepala

tou jin

serban

bao tou jin

burqa

bo ka

kaftan

ka fu tan

abaya/jubah

(a la bo shi)chang pao

baju renang

yong yi

seluar renang

nan shi yong ku

seluar pendek

duan ku

sut balapan

yun dong fu

apron

wei qun

sarung tangan

shou tao

butang

niu kou

cermin mata

yan jing

gelang tangan

shou lian

rantai leher

xiang lian

cincin

jie zhi

subang

er huan

topi

bian mao

penyangkut kot

yi jia

topi

mao zi

tali leher

ling dai

zip

la lian

topi keledar

tou kui

pendakap

bei dai

uniform sekolah

xiao fu

seragam

zhi fu

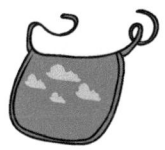

lapik dada

wei dou

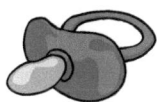

palsu

an fu nai zui

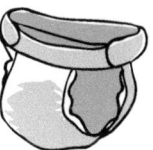

lampin

niao bu shi

pejabat
ban gong shi

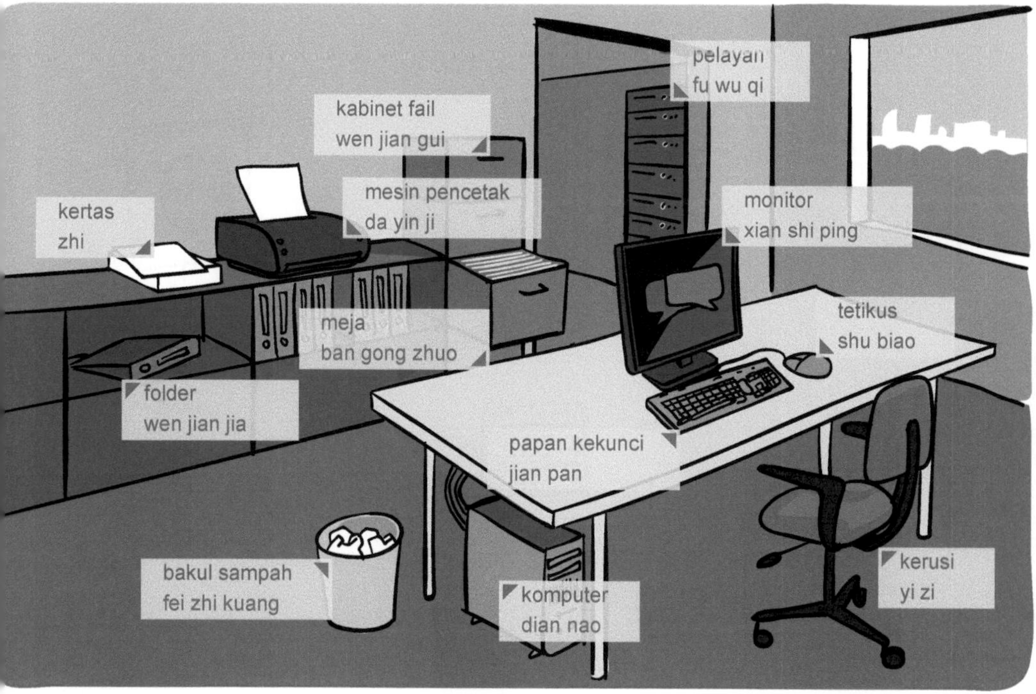

pelayan
fu wu qi
kabinet fail
wen jian gui
mesin pencetak
da yin ji
kertas
zhi
monitor
xian shi ping
tetikus
shu biao
meja
ban gong zhuo
folder
wen jian jia
papan kekunci
jian pan
bakul sampah
fei zhi kuang
komputer
dian nao
kerusi
yi zi

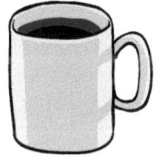

cawan kopi

ka fei bei

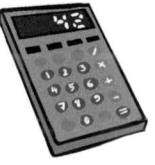

kalkulator

ji suan qi

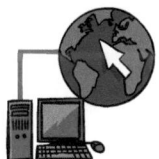

internet

yin te wang

komputer riba

bi ji ben dian nao

surat

xin jian

mesej

xiao xi

mudah alih

shou ji

rangkaian

wang luo

mesin fotokopi

fu yin ji

perisian

ruan jian

telefon

dian hua

soket plag

cha zuo

mesin faks

chuan zhen ji

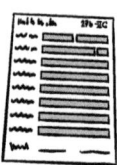

bentuk

biao ge

dokumen

wen jian

beli

mai

bayar

fu qian

berdagang

jiao yi

wang

xian jin

dolar

mei yuan

euro

ou yuan

yen

ri yuan

rubel

lu bu

franc swiss

rui shi fa lang

renminbi yuan

ren min bi

rupee

lu bi

mata tunai

ti kuan chu

pejabat tukaran mata wang

wai bi dui huan chu

emas

jin

perak

yin

minyak

shi you

tenaga

neng yuan

harga

jia ge

kontrak

he tong

cukai

shui jin

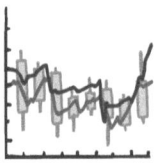

stok

gu piao

kerja

gong zuo

pekerja

zhi yuan

majikan

lao ban

kilang

gong chang

kedai

shang dian

pegawai polis
jing guan

ahli bomba
xiao fang yuan

tukang masak
chu shi

doktor
yi sheng

juruterbang
fei xing yuan

tukang kebun

yuan ding

tukang kayu

mu jiang

tukang jahit

cai feng

hakim

fa guan

ahli kimia

hua xue jia

pelakon

yan yuan

pemandu bas

gong jiao che si ji

pemandu teksi

chu zu che si ji

nelayan

yu fu

wanita pencuci

qing jie nü gong

kasau

wu ding gong

pelayan

fu wu yuan

pemburu

lie ren

pelukis

hua jia

bakeri

mian bao shi

juruelektrik

dian gong

pembangun

jian zhu gong ren

jurutera

gong cheng shi

penjual daging

tu fu

tukang paip

shui guan gong

posmen

you di yuan

askar

shi bing

arkitek

jian zhu shi

juruwang

shou yin yuan

kedai bunga

hua nong

pendandan rambut

li ta shi

konduktor

shou piao yuan

mekanik

ji xie shi

kapten

chuan zhang

doktor gigi

ya yi

ahli sains

ke xue jia

tuhanku

la bi

imam

yi ma mu

sami

he shang

paderi

mu shi

alat

gong ju

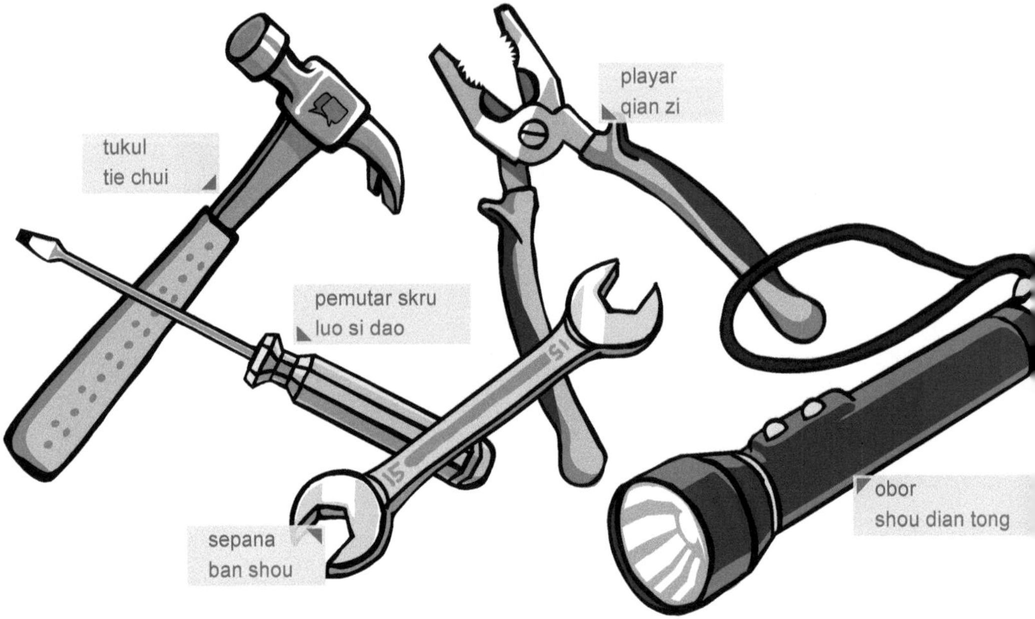
tukul
tie chui
playar
qian zi
pemutar skru
luo si dao
sepana
ban shou
obor
shou dian tong

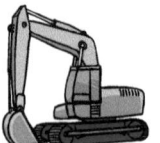

pengorek
wa jue ji

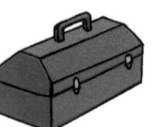

kotak peralatan
gong ju xiang

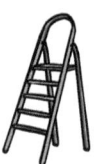

tangga
ti zi

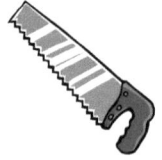

gergaji
ju zi

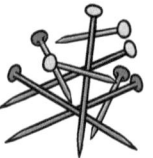

kuku
ding zi

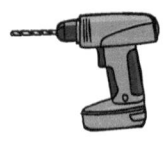

gerudi
zuan ji

baiki
xiu

penyodok
chan zi

Celaka!
kao!

penadah sampah
bo ji

periuk cat
you qi tong

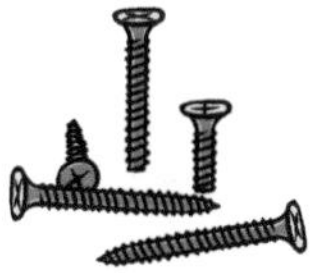

skru
luo si

alat muzik
yue qi

perangkat dram
da ji yue qi

pembesar suara
yang sheng qi

gitar
ji ta

bass berganda
di yin ti qin

trompet
xiao hao

piano

gang qin

biola

xiao ti qin

bass

bei si

timpani

ding yin gu

dram

gu

papan kekunci

dian zi qin

saksofon

sa ke si guan

seruling

chang di

mikrofon

mai ke feng

alat muzik - yue qi

dong wu yuan

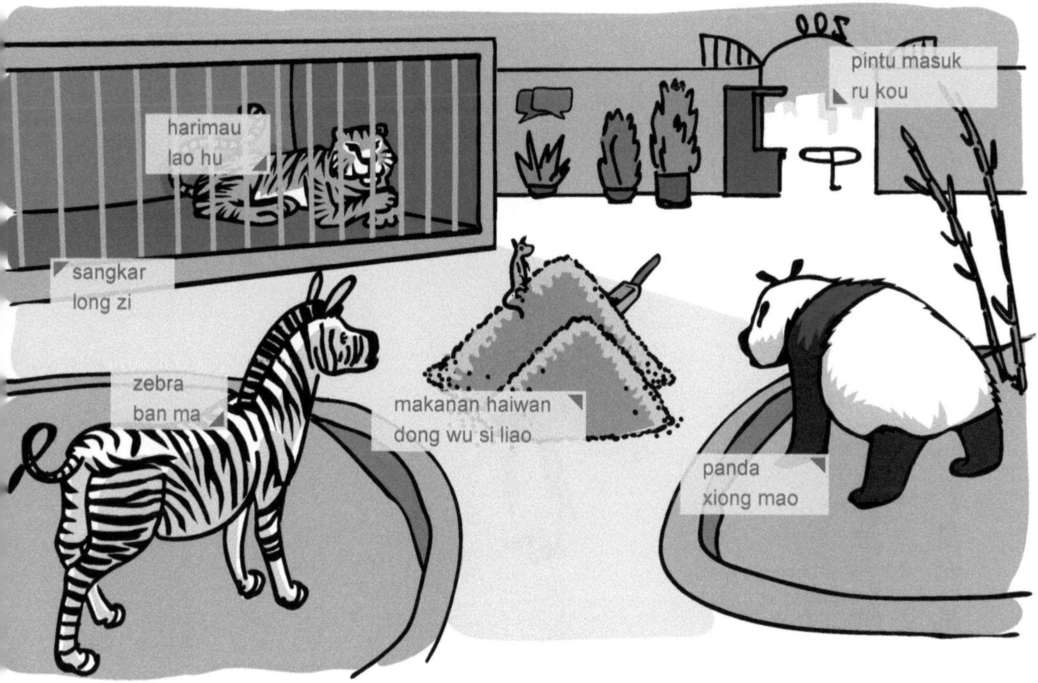
zoo
pintu masuk
ru kou
harimau
lao hu
sangkar
long zi
zebra
ban ma
makanan haiwan
dong wu si liao
panda
xiong mao

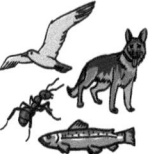

haiwan
dong wu

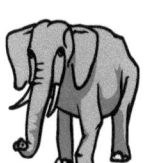

gajah
da xiang

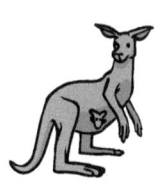

kanggaru
dai shu

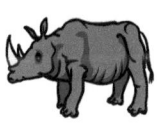

badak sumbu
xi niu

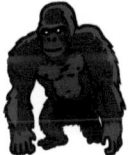

gorila
da xing xing

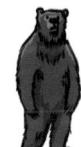

beruang
xiong

unta
luo tuo

burung unta
tuo niao

singa
shi zi

monyet
hou zi

flamingo
huo lie niao

nuri
ying wu

beruang kutub
bei ji xiong

penguin
qi e

yu
sha yu

merak
kong que

ular
she

buaya
e yu

penjaga zoo
dong wu yuan guan li yuan

anjing laut
hai bao

jaguar
mei zhou bao

kuda

ai zhong ma

harimau

bao

badak air

he ma

zirafah

chang jing lu

helang

lao ying

babi jantan

ye zhu

ikan

yu

penyu

gui

anjing laut

hai xiang

musang

hu li

rusa

ling yang

bola sepak Amerika
gan lan qiu

berbasikal
qi zi xing che

tenis
wang qiu

bola keranjang
lan qiu

renang
you yong

hoki ais
bing qiu

tinju
quan ji

bola sepak
ying shi zu qiu

badminton
yu mao qiu

olahraga
tian jing

bola baling
shou qiu

ski
hua xue

polo
ma qiu

aktiviti
huo dong

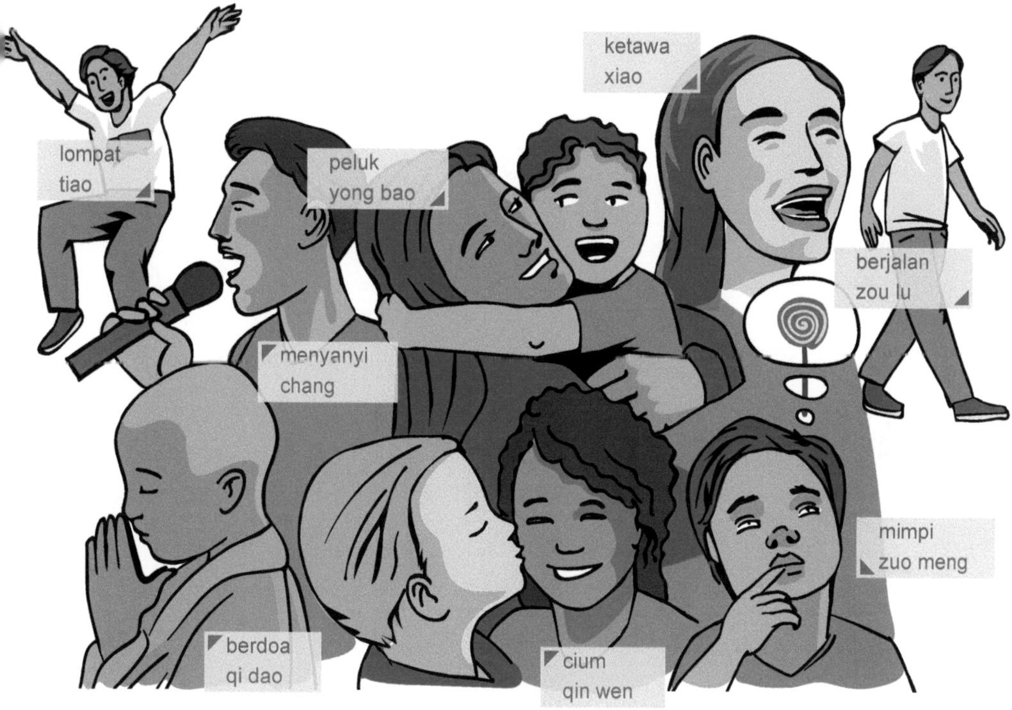
ketawa
xiao
lompat
tiao
peluk
yong bao
berjalan
zou lu
menyanyi
chang
mimpi
zuo meng
berdoa
qi dao
cium
qin wen

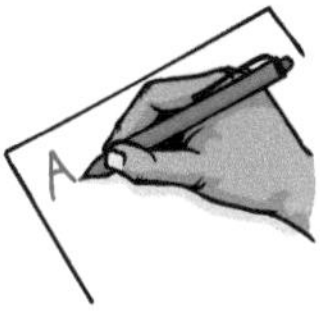

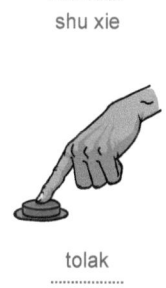

tulis
shu xie

lukis
hua

tunjuk
zhan shi

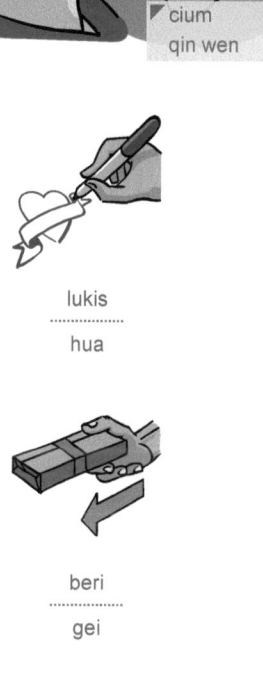

tolak
tui

beri
gei

ambil
na

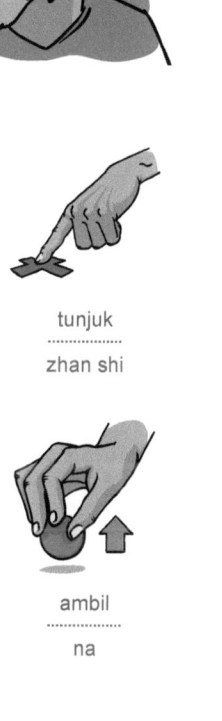

ada
you

buat
zuo

ialah
dang

berdiri
zhan

lari
pao

tarik
la

buang
reng

jatuh
shuai dao

tipu
tang

tunggu
deng dai

bawa
xie dai

duduk
zuo

pakai
chuan yi

tidur
shui jiao

bangkit
xing lai

lihat pada

kan

menangis

ku

strok

fu mo

sikat

shu tou

cakap

jiao tan

faham

ming bai

tanya

wen

dengar

ting

minum

he

makan

chi

mengemas

qing li

sayang

ai

masak

zuo fan

pandu

kai che

terbang

fei

belayar

hang xing

kira

ji suan

baca

du

belajar

xue xi

kerja

gong zuo

nikah

jie hun

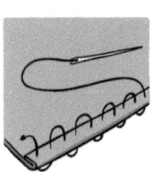

jahit

feng

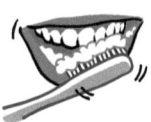

memberus gigi

shua ya

bunuh

sha

asap

chou yan

hantar

ji

nenek
zu mu

datuk
zu fu

bapa
fu qin

ibu
mu qin

bayi
ying tong

anak perempuan
nü er

anak lelaki
er zi

tetamu
ke ren

mak cik
a yi

pak cik
shu shu

abang
xiong di

kakak
jie mei

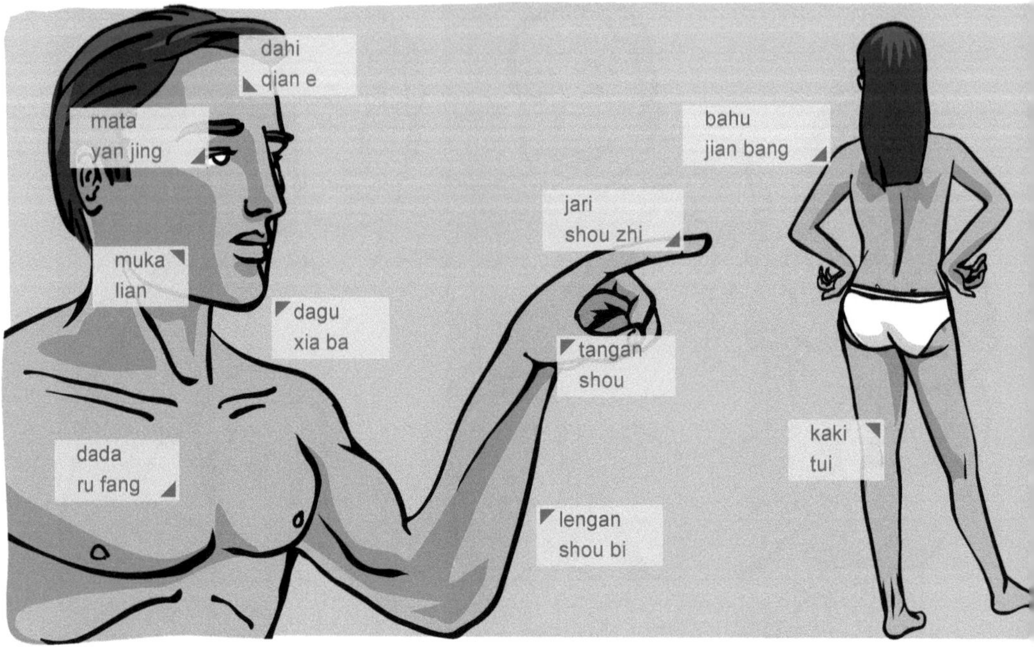

dahi
qian e

mata
yan jing

bahu
jian bang

jari
shou zhi

muka
lian

dagu
xia ba

tangan
shou

dada
ru fang

kaki
tui

lengan
shou bi

bayi
ying tong

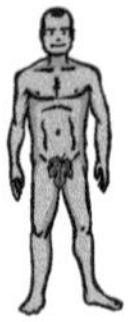

lelaki
nan ren

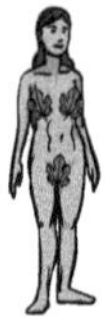

wanita
nü ren

perempuan
nü hai

lelaki
nan hai

kepala
tou

belakang

bei bu

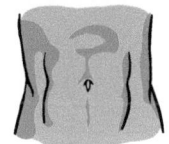

bawah perut

du zi

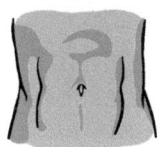

pusat

du qi

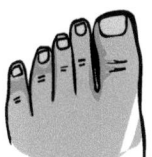

jari kaki

jiao zhi

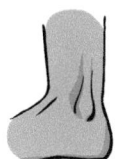

tumit

jiao hou gen

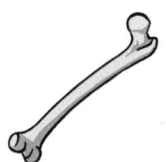

tulang

gu tou

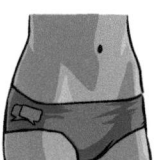

pinggul

tun bu

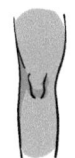

lutut

xi gai

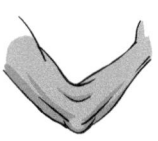

siku

shou zhou

hidung

bi zi

bawah

pi gu

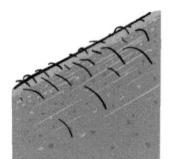

kulit

pi fu

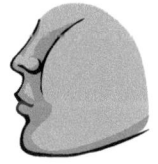

pipi

lian jia

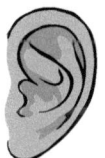

telinga

er duo

bibir

zui chun

badan - shen ti

mulut

zui

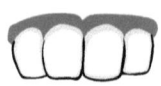

gigi

ya chi

lidah

she tou

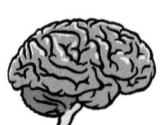

otak

nao

hati

xin zang

otot

ji rou

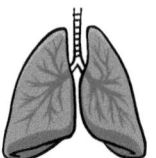

paru-paru

fei

hati

gan zang

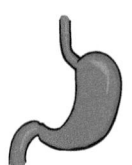

perut

wei

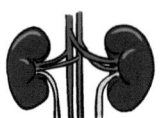

buah pinggang

shen zang

seks

xing jiao

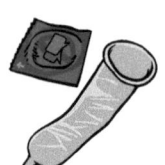

kondom

bi yun tao

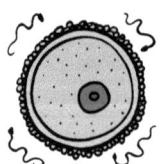

faraj

luan zi

mani

jing zi

mengandung

huai yun

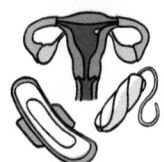

haid

yue jing

faraj

yin dao

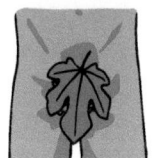

penis

yin jing

kening

mei mao

rambut

tou fa

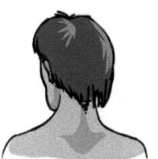

leher

bo zi

hospital

yi yuan

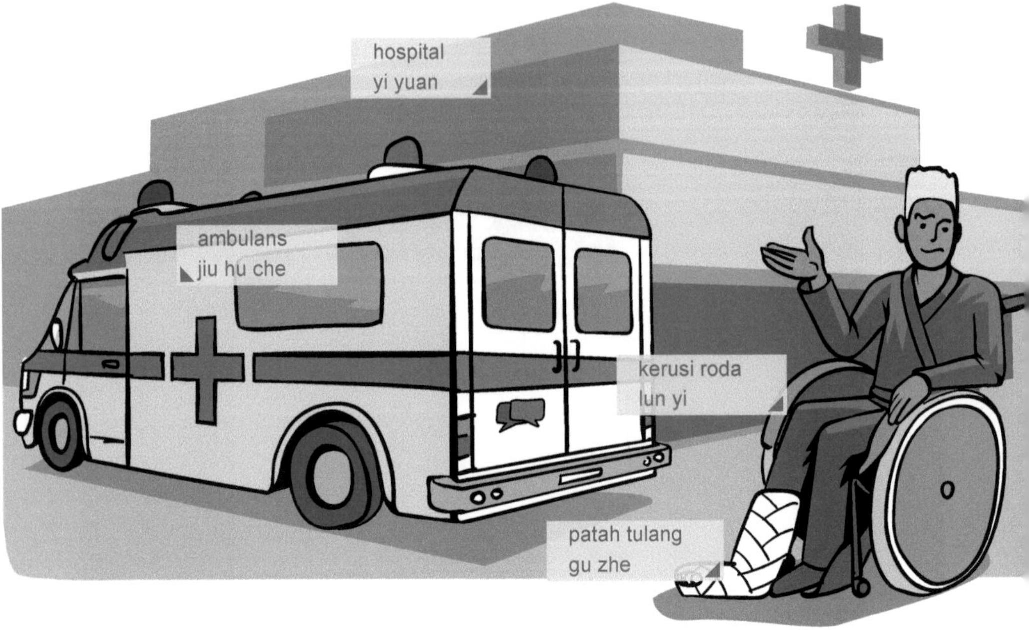

hospital
yi yuan
ambulans
jiu hu che
kerusi roda
lun yi
patah tulang
gu zhe

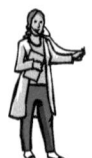

doktor

yi sheng

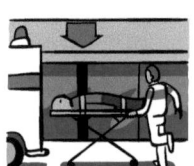

bilik kecemasan

ji zhen shi

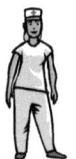

jururawat

hu shi

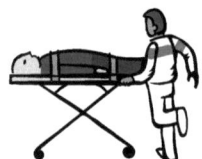

kecemasan

jin ji qing kuang

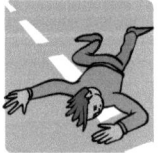

tak sedar

hun mi

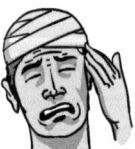

sakit

tong

kecederaan

shou shang

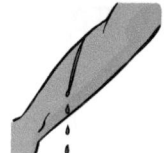

pendarahan

chu xue

serangan jantung

xin zang bing fa zuo

strok

zhong feng

alergi

guo min

batuk

ke sou

demam

fa shao

selesema

liu gan

cirit-birit

fu xie

sakit kepala

tou tong

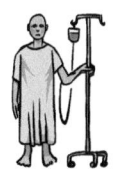

kanser

ai zheng

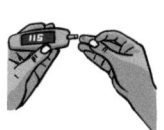

diabetes

tang niao bing

pakar bedah

wai ke yi sheng

pisau bedah

shou shu dao

pembedahan

shou shu

CT

CT

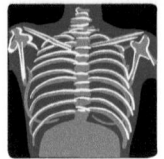

x-ray

X guang

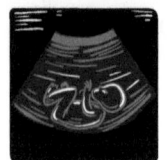

ultrabunyi

chao sheng bo

topeng muka

kou zhao

penyakit

ji bing

bilik menunggu

hou zhen shi

penongkat

guai zhang

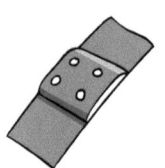

plaster

shi gao

pembalut

beng dai

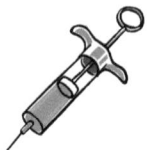

suntikan

zhu she

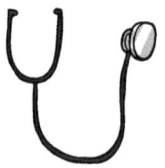

stetoskop

ting zhen qi

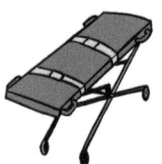

pengusung

dan jia

termometer klinik

ti wen ji

kelahiran

chu sheng

berat badan berlebihan

chao zhong

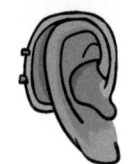

alat pendengaran

zhu ting qi

disinfektan

xiao du ye

jangkitan

gan ran

virus

bing du

HIV / AIDS

ai zi bing

perubatan

yao wu

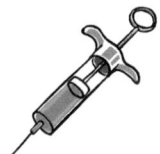

vaksinasi

jie zhong yi miao

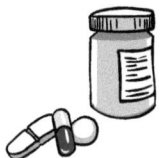

tablet

yao pian

pil

yao wan

panggilan kecemasan

ji jiu dian hua

pantau tekanan darah

xue ya ji

sakit / sihat

sheng bing/jian kang

Tolong!

jiu ming!

penggera

jing bao

serang

tu ji

serangan

gong ji

bahaya

wei xian

pintu kecemasan

jin ji chu kou

Api!

zhao huo la!

alat pemadam api

mie huo qi

kemalangan

yi wai

alat pertolongan cemas

ji jiu xiang

SOS

hu jiu xin hao

polis

jing cha

Eropah

ou zhou

Amerika Utara

bei mei zhou

Amerika Selatan

nan mei zhou

Afrika

fei zhou

Asia

ya zhou

Australia

ao zhou

Atlantic

da xi yang

Pasifik

tai ping yang

Lautan Hindi

yin du yang

Lautan Antartik

nan bing yang

Lautan Artik

bei bing yang

Kutub utara

bei ji

Kutub Selatan

nan ji

Antartika

nan ji zhou

bumi

di qiu

tanah

lu di

laut

hai

pulau

dao

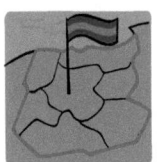

negara

guo jia

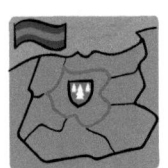

negeri

guo jia

muka jam

zhong mian

tangan jam

shi zhen

tangan minit

fen zhen

terpakai

miao zhen

Jam berapa sekarang

xian zai ji dian?

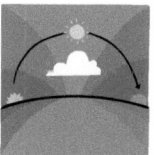

hari

tian

masa

shi jian

sekarang

xian zai

jam digital

dian zi biao

minit

fen

jam

shi

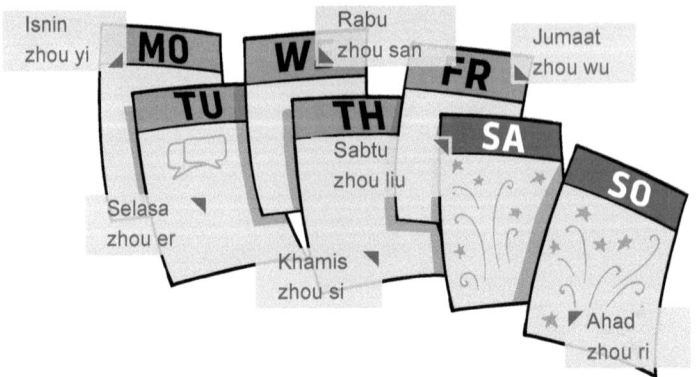

Isnin
zhou yi

MO

W
Rabu
zhou san

FR
Jumaat
zhou wu

TU

TH
Sabtu
zhou liu

SA

SO

Selasa
zhou er

Khamis
zhou si

Ahad
zhou ri

semalam

zuo tian

hari ini

jin tian

esok

ming tian

pagi

zao chen

tengah hari

zhong wu

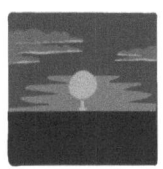

petang

wan shang

MO	TU	WE	TH	FR	SA	SU
1	2	3	4	5	6	7
8	9	10	11	12	13	14
15	16	17	18	19	20	21
22	23	24	25	26	27	28
29	30	31	1	2	3	4

hari kerja

gong zuo ri

MO	TU	WE	TH	FR	SA	SU
1	2	3	4	5	6	7
8	9	10	11	12	13	14
15	16	17	18	19	20	21
22	23	24	25	26	27	28
29	30	31	1	2	3	4

hari minggu

zhou mo

tahun

nian

hujan
yu
pelangi
cai hong
angin
feng
salji
xue
musim bunga
chun
musim panas
xia
musim luruh
qiu
musim salji
dong

4.APRIL 11°
5.APRIL 4°
6.APRIL 13°
7.APRIL 8°
8.APRIL 10°

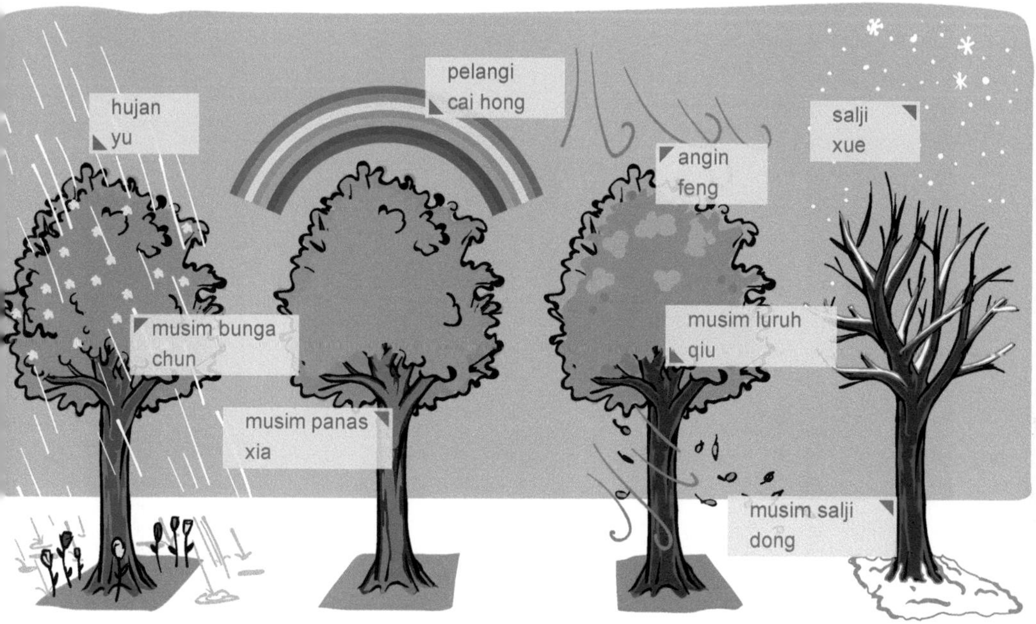

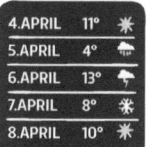

ramalan cuaca

tian qi yu bao

F
C

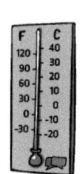

termometer

wen du ji

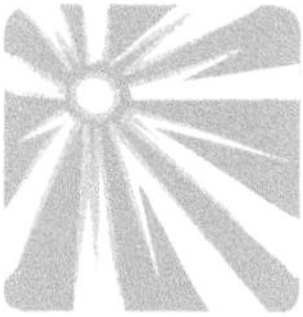

sinar matahari

yang guang

awan

yun

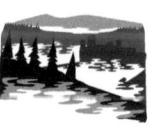

kabus

wu

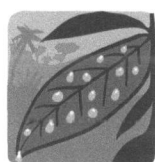

lembapan

chao shi

kilat

shan dian

petir

da lei

ribut

feng bao

hujan batu

bing bao

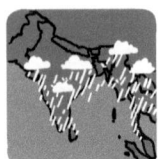

monsun

ji feng

banjir

hong shui

ais

bing

Januari

yi yue

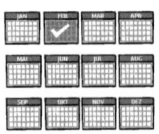

Februari

er yue

Mac

san yue

April

si yue

Mei

wu yue

Jun

liu yue

Julai

qi yue

Ogos

ba yue

tahun - nian

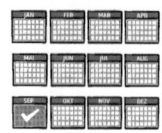

September
jiu yue

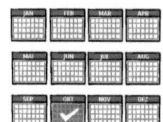

Oktober
shi yue

November
shi yi yue

Disember
shi er yue

bentuk
xing zhuang

bulatan
yuan xing

petak
zheng fang xing

segi empat tepat
chang fang xing

segitiga
san jiao xing

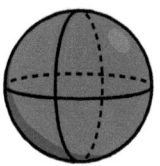

sfera
qiu ti

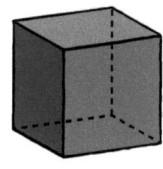

kiub
li fang ti

putih

bai

kuning

huang

oren

cheng

merah jambu

fen

merah

hong

ungu

zi

biru

lan

hijau

lü

coklat

zong

kelabu

hui

hitam

hei

banyak / sedikit

hen duo/shao xu

marah / tenang

sheng qi/ping jing

cantik / hodoh

mei/chou

bermula / tamat

shou/wei

besar kecil

da/xiao

terang / gelap

ming/an

abang / kakak

xiong di/jie mei

bersih / kotor

gan jing/ang zang

lengkap / tidak lengkap

wan zheng/que shi

hari / malam

bai tian/wan shang

mati / hidup

si/sheng

luas / sempit

kuan/zhai

boleh dimakan / tidak boleh dimakan

ke shi yong/fei shi yong

jahat / baik

xie e/shan liang

teruja / bosan

xing fen/wu liao

gemuk / kurus

pang/shou

pertama / terakhir

di yi/zui hou

kawan / musuh

peng you/di ren

penuh / kosong

man/kong

keras / lembut

ying/ruan

berat / ringan

zhong/qing

lapar / dahaga

e/ke

sakit / sihat

sheng bing/jian kang

menyalahi undang-undang / undang-undang

fei fa/he fa

pintar / bodoh

cong ming/yu ben

kiri / kanan

zuo/you

dekat / jauh

jin/yuan

baru / lama

xin/jiu

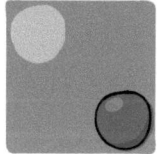

tiada / sesuatu

mei you/you xie

tua / muda

lao/you

hidup / mati

kai/guan

terbuka / tertutup

da kai/he shang

diam / bising

an jing/chao nao

kaya / miskin

fu/qiong

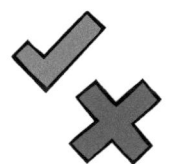

betul / salah

dui/cuo

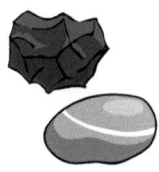

kasar / halus

cu cao/guang hua

sedih / gembira

shang xin/gao xing

pendek / panjang

duan/chang

lambat / laju

man/kuai

basah / kering

shi/gan

panas / sejuk

wen nuan/liang shuang

berperang / berdamai

zhan zheng/he ping

0

sifar

ling

1

satu

yi

2

dua

er

3

tiga

san

4

empat

si

5

lima

wu

6

enam

liu

7

tujuh

qi

8

lapan

ba

9

sembilan

jiu

10

sepuluh

shi

11

sebelas

shi yi

12

dua belas

shi er

13

tiga belas

shi san

14

empat belas

shi si

15

lima belas

shi wu

16

enam belas

shi liu

17

tujuh belas

shi qi

18

lapan belas

shi ba

19

Sembilan belas

shi jiu

20

dua puluh

er shi

100

ratus

bai

1.000

ribu

qian

1.000.000

juta

bai wan

Bahasa Inggeris

ying yu

Bahasa Inggeris Amerika

mei shi ying yu

Bahasa Cina Mandarin

pu tong hua

Bahasa Hindi

yin di yu

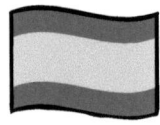

Bahasa Sepanyol

xi ban ya yu

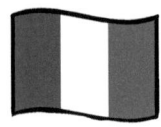

Bahasa Perancis

fa yu

Bahasa Arab

a la bo yu

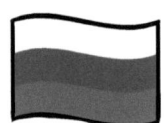

Bahasa Rusia

e yu

Bahasa Portugis

pu tao ya yu

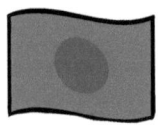

Bahasa Benggali

feng jia la yu

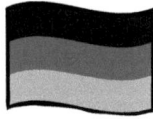

Bahasa Jerman

de yu

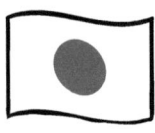

Bahasa Jepun

ri yu

saya

wo

anda

ni

dia / dia / ia

ta/ta/ta

kita

wo men

anda

ni men

mereka

ta men

siapa?

shei?

apa?

shen me?

bagaimana?

zen yang?

di mana?

na li?

bila?

shen me shi hou?

nama

ming zi

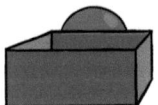

belakang

hou mian

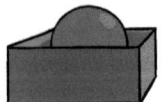

dalam

li mian

di hadapan

qian mian

lebih

shang fang

pada

shang mian

di bawah

xia mian

bersebelahan

pang bian

antara

zhong jian

tempat

di dian